Périscope 2

Carolle Babin Jacinthe Lavoie Michelle Tardif

immersion

MODULO

Données de catalogage avant publication (Canada)

Lavoie, Jacinthe

Périscope 2 : immersion

Pour les classes d'immersion française du premier cycle.

ISBN 2-89113-280-7

1. Lectures et morceaux choisis (Enseignement primaire). 2. Français (Langue) – Manuels pour anglophones. I. Babin, Carolle. II. Tardif, Michèle. III. Titre.

PC2129.E5L38 1991 448.6'421 C91-096809-8

Chargé de projet : André Payette
Directrice artistique : Sylvie Richard
Révision : Michèle Morin, André Payette
Correction d'épreuves : Monique Tanguay, Renée Théorêt
Conception graphique : Gisèle Beauvais
Infographie : Carole Deslandes, Lise Marceau
Maquette de la couverture : Guylaine Bérubé
Illustrations : Nicole Lafond (pages 1, 16-17, 30, 31, 40, 42, 71, 76)
Josée La Perrière (pages 4-6, 18-19, 46-47, 58-59)
Marie-France Beauchemin (pages 7, 15, 50-51, 56-57, 68-69, 70)
François Thisdale (pages 20-21, 45, 48-49, 60)
Diane Mongeau — couleur : Robert Séguin (couverture et pages 2, 3, 8, 9, 10, 12-13, 22-25, 32-33, 34-36, 43-44, 52-53, 62-64, 65-67, 72-73, 74-75
Sélections des couleurs : Graphiques HIT

Périscope 2 immersion
(livre de lecture)

233, av. Dunbar, bureau 300
Mont-Royal (Québec)
Canada H3P 2H4
Téléphone : (514) 738-9818
Télécopieur : (514) 738-5838

Dépôt légal : 3e trimestre 1991
Bibliothèque nationale du Québec
Bibliothèque nationale du Canada
ISBN 2-89113-**280**-7

Imprimé au Canada
3 4 5 **II** 00 99 98 97 96

Table des matières

Avec mes amis

Les vacances sont finies,
Septembre est arrivé.
Je retrouve mes amis,
Sur le chemin de l'école.

Du lundi au vendredi,
Je vais étudier.
Je vais aussi m'amuser,
Avec mes amis, à l'école.

Les vacances sont finies,
Septembre est arrivé.
Je retrouve mes amis,
Sur le chemin de l'école.

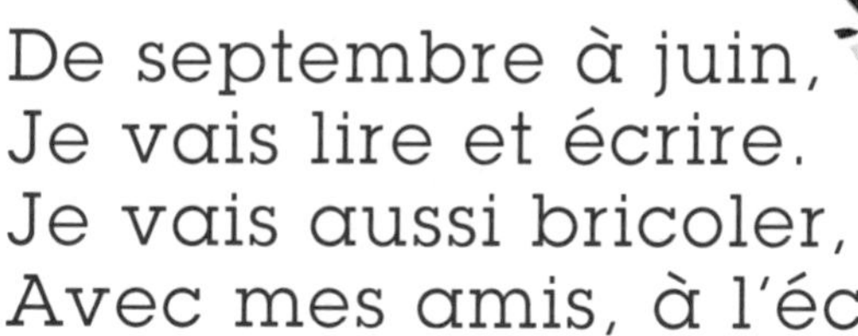

De septembre à juin,
Je vais lire et écrire.
Je vais aussi bricoler,
Avec mes amis, à l'école.

À l'école

Bonne journée,
Zobulle.

La récréation

C'est la récréation. Les enfants jouent au ballon. Alex court vite. Il rit.

Hoa saute à la corde avec ses amis.

Tous les enfants s'amusent.

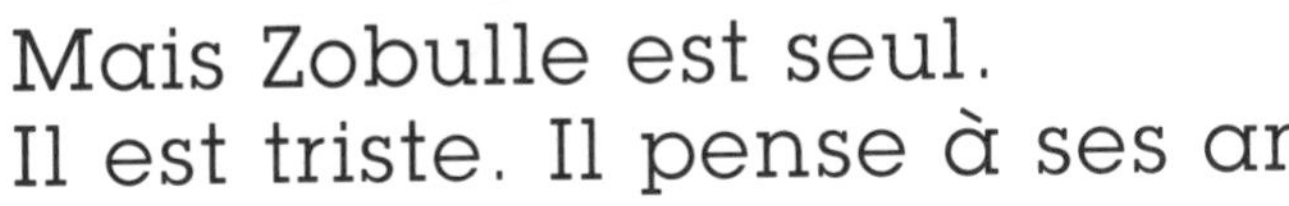

Mais Zobulle est seul.
Il est triste. Il pense à ses amis.

Les gens de mon école

La directrice

La directrice dirige toutes les activités de l'école. Elle choisit les enseignants. Elle décide quand tu vas aller au gymnase ou à la salle de musique. La directrice aide les élèves, les enseignants et les parents.

Le directeur adjoint

Le directeur adjoint travaille au bureau avec la directrice et la secrétaire. Il achète les livres de classe.

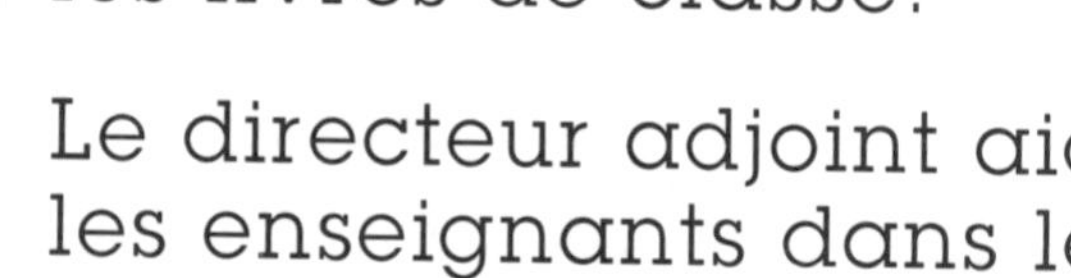

Le directeur adjoint aide les enseignants dans leur travail. Il peut t'aider toi aussi si tu as un problème.

La secrétaire

La secrétaire travaille au bureau. Elle aide la directrice et les enseignants. Elle écrit beaucoup de lettres. Elle répond au téléphone. Elle t'aide aussi quand tu tombes malade à l'école.

L'infirmier

L'infirmier vient te visiter à l'école. Il vérifie si tu as de bons yeux. Il examine tes oreilles. Il te montre comment garder tes dents en bonne santé.

Le concierge

Le concierge travaille très fort pour garder ta classe propre. Il nettoie toute l'école. Il lave les toilettes. Il balaie les planchers. Si ton pupitre est brisé, il le répare.

La bibliothécaire

La bibliothécaire achète les livres pour la bibliothèque. Elle peut te montrer comment choisir un livre. Elle te dit quand tu dois le rapporter. Elle te raconte aussi des histoires.

Toi, que peux-tu faire pour aider toutes ces personnes qui te rendent de si grands services ?

Juste pour moi

Petite enveloppe blanche,
Merveille des merveilles,
Tu portes mon nom.
Tu es à moi.

Petit oiseau bleu,
Qui voles là-haut,
Tu apportes un message
Juste pour moi.

Message d'amour,
Message d'amitié,
Tu portes la joie
Tout au fond de moi.

Une lettre de grand-papa

Bonjour Julio,

L'automne est arrivé. Il y a beaucoup de légumes dans le jardin. Il faut les récolter. Hier, avec ta grand-maman, j'ai fait des conserves et de la confiture. Nous savons que tu aimes beaucoup les confitures.

Il faut aussi couper le blé. Je t'invite à venir récolter le blé avec nous. Nous allons travailler fort, mais nous allons bien nous amuser.

Nous avons hâte de te revoir.
À bientôt,

Grand-papa XOX

P.-S.: Tu peux inviter un ami.

Les conserves

ÉPICES

La récolte du blé

Zobulle : Julio, qu'est-ce que c'est, du blé ?

Julio : Le blé est une céréale.
Grand-papa a semé le blé au printemps.

Zobulle : Qu'est-ce que ça veut dire, semer ?

Julio : Semer, c'est mettre du grain dans la terre.
Avec le soleil et la pluie, le grain de blé devient une plante. La plante pousse pendant l'été.

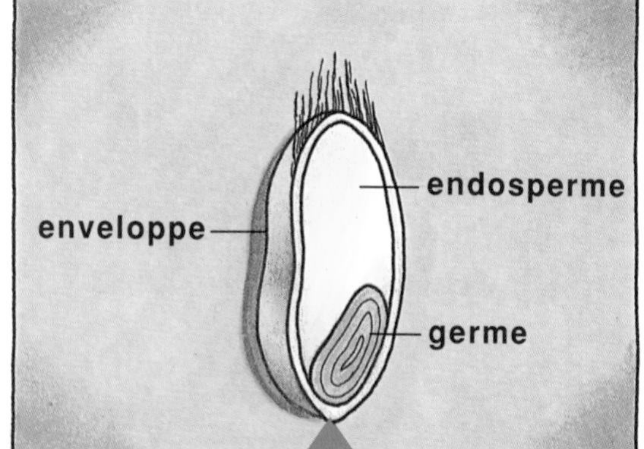

grain de blé

M.A.P.A.Q.

mise en terre

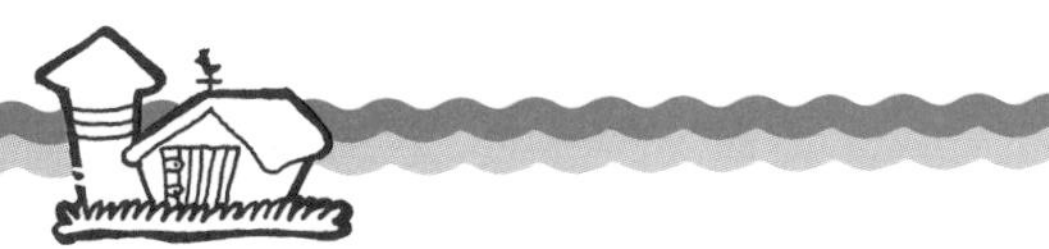

Zobulle : Mais les plantes sont vertes. Pourquoi le blé est-il doré ?

Julio : Quand le blé est mûr, il devient doré. Il est prêt à être récolté.

Grand-papa : À l'automne, il faut couper le blé. Il faut aussi séparer la paille et les grains.

Julio : Regarde, Zobulle, oncle Léo transporte les grains de blé au silo.

M.A.P.A.Q.

croissance

M.A.P.A.Q.

blé doré

M.A.P.A.Q.

moissonneuse-batteuse

M.A.P.A.Q.

silo

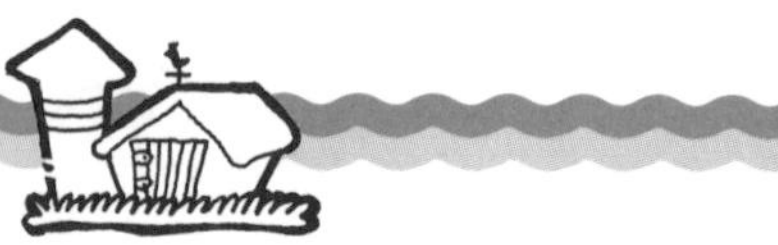

Une belle journée

La journée est finie. Zobulle est couché. Il pense à la belle journée qu'il vient de passer.

Même s'il n'a pas gagné, Zobulle est content. Il a passé une belle journée. Il s'endort en pensant à ses nouveaux amis.

Sais-tu pourquoi ?

M.E.R.

Été

M.E.R.

Automne

M.E.R.

Hiver

Sais-tu pourquoi
les feuilles tombent
à l'automne ?

Les arbres ont besoin
de la lumière du soleil
pour grandir.

À l'automne, les journées
sont plus courtes. Le soleil
se lève plus tard et
se couche plus tôt.
Les feuilles changent de
couleur. L'arbre n'a plus
assez de lumière.
Les feuilles tombent.

L'arbre s'endort pour
tout l'hiver.

Petit oiseau

Les fleurs sont fanées.
Les feuilles sont tombées.
Le soleil s'est caché.
L'automne est arrivé.

Petit oiseau vert,
Qui voles dans les airs,
C'est bientôt l'hiver.
Pars avec tes frères.

Le temps froid est arrivé.
La neige va tomber.
Il n'y a plus rien à manger.
Tu dois t'en aller.

Petit oiseau vert,
Qui voles dans les airs,
C'est bientôt l'hiver.
Pars avec tes frères.

Petit oiseau, au revoir.
Tu vas me manquer.
Reviens me voir
au mois de mai.

Urgent !

Depuis quelques semaines, il y a de gros problèmes dans le parc. Beaucoup d'enfants se font blesser.

Madame Nicole, les enseignants et les parents cherchent une solution à ces problèmes.

Emmanuelle

Plusieurs enfants se disputent. Il n'y a pas assez de balançoires.

Étienne

Les grands arrivent toujours les premiers au terrain de baseball. On n'a jamais de place pour jouer.

Cassandre

Il y en a qui font des courses de bicyclettes au terrain de jeu. J'ai failli me faire frapper hier. C'est très dangereux !

Julien

Il y a de gros trous partout. Deux de mes amis sont tombés et se sont fait très mal !

Un nouveau terrain de jeu

Les gens du quartier ont travaillé très fort. Le nouveau terrain de jeu est prêt. Madame Nicole demande aux élèves de préparer une affiche sur les règles à respecter.

Trouve des règles toi aussi.

1. Choisis un terrain de jeu :
   - celui de ton école;
   - celui de ton quartier;
   - celui que tu as dessiné.

2. Fais une liste de règles à respecter :
   - les règles d'un jeu;
   - des règles de sécurité;
   - des règles de bonne conduite avec les autres.

3. Choisis un moyen pour présenter tes règles :
   - une affiche;
   - un dépliant;
   - une annonce à la radio.

Madame Crique

Aujourd'hui, c'est congé. Doan et Nadia font de la bicyclette.

Oh ! mon pneu est dégonflé.

Allons voir madame Crique, la garagiste.

Nadia : Bonjour madame.

Mme Crique : Bonjour les enfants. Qu'est-ce que je peux faire pour vous aider ?

Doan : Regardez mon pneu. J'ai eu une crevaison.

Mme Crique : Bien ! Je vais réparer ça.

Nadia : Est-ce que vous êtes bien occupée aujourd'hui ?

Mme Crique : Oh ! oui ! J'ai remorqué deux autos en panne. J'ai aussi réparé le moteur d'un camion.

Doan : Que faites-vous avec l'auto qui est montée dans les airs ?

Mme Crique : Je remplace les freins. Ensuite, je vais faire la vidange d'huile.

Voilà. Ton pneu est réparé.

Doan : Merci, madame Crique. Vous êtes bien gentille.

Mme Crique : Bonne randonnée, les enfants.

Soyez prudents !

La peur de Zobulle

Il pleut dehors.
Le vent souffle fort.

Depuis quelque temps, Zobulle est inquiet.
Quand il se couche le soir, il entend des bruits.
Il entend des bruits étranges.

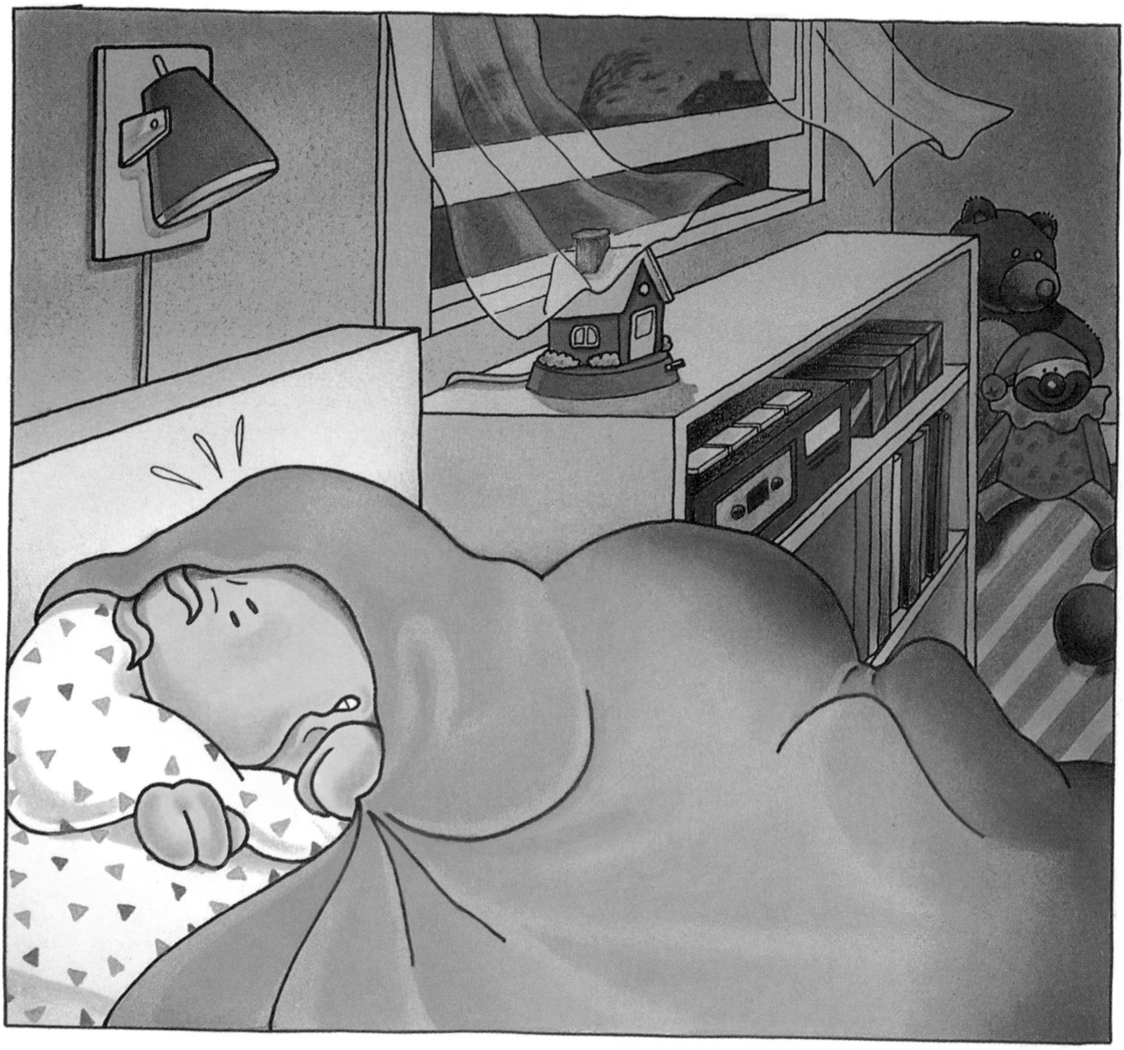

Zobulle a peur. Il ne veut plus se coucher. Il fait tout pour ne pas se coucher.

Par exemple, il décide de prendre un bain quelques minutes avant l'heure du coucher. Il reste parfois une heure dans le bain.

Un soir, Zobulle s'est levé quatre fois.

La première fois,
il s'est levé pour manger
un biscuit.

La deuxième fois,
il s'est levé pour boire
un verre de lait.

La troisième fois,
il s'est levé pour
se brosser les dents.

Et la quatrième fois,
il s'est levé pour aller
aux toilettes.

Son père et sa mère ont tout fait pour aider Zobulle.

Ils lui ont lu des histoires au lit.

Ils ont allumé une veilleuse dans sa chambre.

Ils ont même fait jouer de la musique douce pour l'aider à s'endormir.

Ça n'a rien donné. Zobulle a toujours peur du bruit, le soir, quand il est dans son lit.

Peux-tu aider Zobulle ?

Savais-tu que...

Les dinosaures étaient des animaux géants.
Ils vivaient il y a des millions d'années.
Il y en avait au Canada.

Tyrrell Museum of Palaeontology

Les savants ont trouvé beaucoup d'os et d'œufs de dinosaures.
Ce sont des **fossiles**.

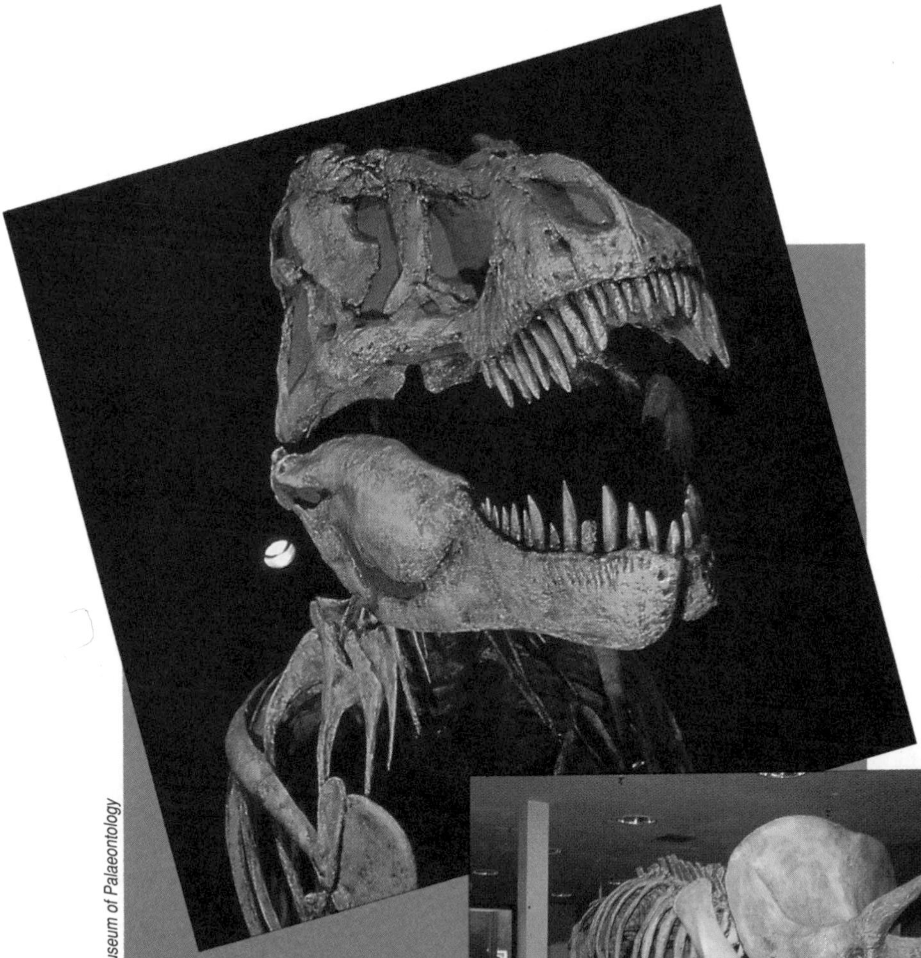

Tyrrell Museum of Palaeontology

Hélène Décoste

Les savants ont ramassé ces os. Avec les os, ils ont refait les squelettes de dinosaures. On peut voir ces squelettes dans quelques musées du Canada.

Le tyrannosaure

Le tyrannosaure était le plus dangereux des dinosaures. Il mesurait six mètres de haut. Il était aussi grand qu'un poteau de téléphone.

Le tyrannosaure était **bipède**. Il marchait sur ses deux pattes arrière. Elles étaient très grosses.
Elles avaient trois longues griffes. Ses pattes avant étaient très petites. Le tyrannosaure était féroce.

Il avait de longues dents pointues.
Il était **carnivore**.
Il mangeait d'autres animaux.
Tous les autres dinosaures avaient peur de lui.
Le tyrannosaure habitait dans la forêt.

Tyrrell Museum of Palaeontolcgy

L'élasmosaure

L'élasmosaure était un dinosaure
un peu bizarre.
Il avait un corps de tortue et un cou de serpent.
Son cou mesurait six mètres.
L'élasmosaure mesurait quinze mètres en tout.

L'élasmosaure vivait dans l'eau.
Il avait des nageoires, comme un poisson.

L'élasmosaure avait de petites dents pointues.
Il était carnivore. Il mangeait des poissons
et des tortues.

L'élasmosaure était **ovipare**. Il pondait des œufs.
Il pondait ses œufs sur la terre.

Tyrrell Museum of Palaeontology

Le brontosaure

Le brontosaure était très gras.
Il était aussi lourd que six éléphants.
Quand il marchait, il faisait beaucoup de bruit.
Les savants l'ont appelé le lézard du tonnerre.

Le brontosaure avait une longue queue et un long cou. Mais sa tête était très petite.

Le brontosaure avait vingt-quatre petites dents.
Il était **herbivore**. Il mangeait des plantes.

Le brontosaure était ovipare.

Le brontosaure était très gros.
Il ne pouvait pas courir vite. Il allait dans l'eau pour se protéger des dinosaures carnivores.

Adieu, dinosaures

Adieu, tyrannosaure,
Roi des dinosaures.
Avec tes grandes dents,
Tu avais l'air bien méchant !

Trachodon, trachodon,
Haut comme deux maisons,
Tu avais l'air d'un grand bavard,
Avec ton bec de canard.

Dinosaure, dinosaure,
Herbivore ou carnivore,
Si tu vivais encore,
Tu serais le plus fort.

Une fête à l'école

Aujourd'hui, c'est une journée spéciale pour les élèves de monsieur Paul. On fête le retour de Natacha à l'école. Natacha a manqué quatre semaines de classe. Elle est allée à l'hôpital. Elle s'est fait opérer à la jambe droite.

Les amis de la classe ont préparé une grande fête pour Natacha.
Hier, Hoa et ses amis ont fabriqué des guirlandes. Ils ont décoré la classe.

Alex et ses amis ont fait une grande banderole. Ils ont écrit « Bienvenue Natacha » sur la banderole.

Le groupe de Mélanie a préparé un goûter avec des légumes et des fruits. Et le groupe de Zobulle a tissé des napperons en papier. Il y a un napperon pour chaque élève.

Monsieur Paul et quelques élèves ont préparé des jeux. Ils ont aussi choisi la musique pour la fête.

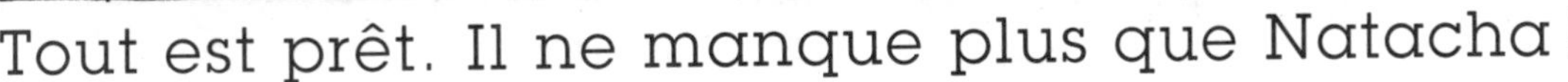

Tout est prêt. Il ne manque plus que Natacha !

Une nouvelle amie

Aujourd'hui, Natacha et son père sont allés chercher Madori à l'école. Madori va passer la fin de semaine chez Natacha.

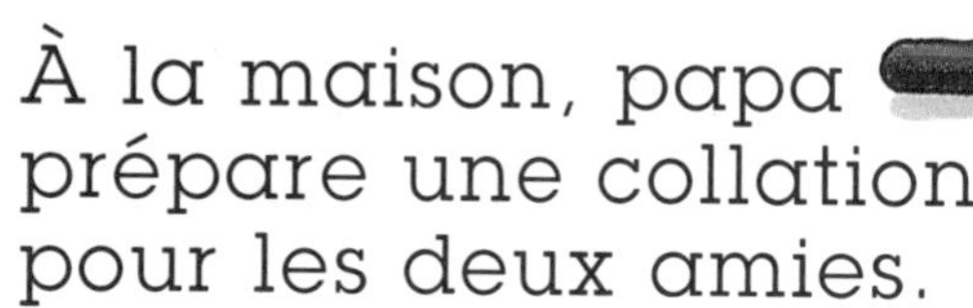

À la maison, papa prépare une collation pour les deux amies.

Madori et Natacha jouent du piano. Elles chantent des chansons. Elles s'amusent beaucoup.

Maman est arrivée. Toute la famille aide Madori à faire ses exercices. Madori doit faire travailler les muscles de ses jambes et de ses bras. C'est important si elle veut rester en bonne santé.

Après le souper, tout le monde joue aux dominos. C'est maman qui gagne la partie.

Les amies vont se coucher. Madori prend le lit de Natacha. Natacha va dormir dans un petit lit pliant.

Maman lit une histoire à Madori et à Natacha.

Papa et maman vont les border dans leur lit.

Dans la mer

Dans la mer, comme sur la terre, il y a des montagnes, des rochers et des cavernes. Il y a des plantes : les **algues**. Dans l'eau, il y a aussi toutes sortes d'animaux.

Il y a des poissons de toutes les couleurs.

Québec, M.L.C.P., Fred Klus

Québec, M.L.C.P., Fred Klus

Aquarium de Montréal

Il y a des animaux de toutes les formes.

Certains animaux de la mer marchent. D'autres nagent. D'autres ne bougent pas.

Québec, M.L.C.P., Fred Klus

Aquarium de Montréal

Dans la mer, certains animaux sont énormes. D'autres sont minuscules.

Québec, M.L.C.P., Fred Klus

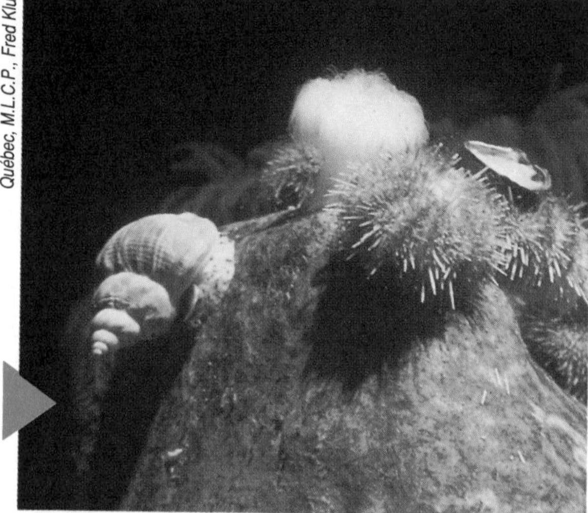

Certains animaux vivent dans des coquillages.

La mer, c'est tout un monde à découvrir !

L'étoile de mer

L'étoile de mer est un animal qui vit dans l'eau. Ce n'est pas un poisson.

La plupart des étoiles de mer ont cinq bras. D'autres en ont plus.

Si l'étoile de mer perd un bras, un autre bras pousse à sa place peu de temps après.

Si l'étoile de mer se brise en deux, chaque partie devient une nouvelle étoile de mer.

Pêches et Océans Canada

La bouche de l'étoile de mer se trouve sous son ventre, au milieu de son corps.

L'étoile de mer mange des huîtres.

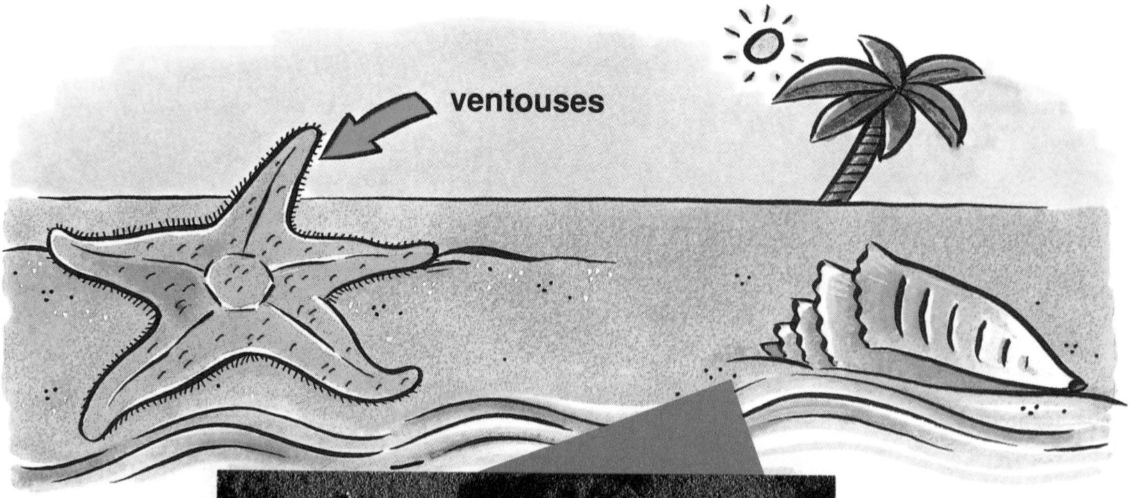

ventouses

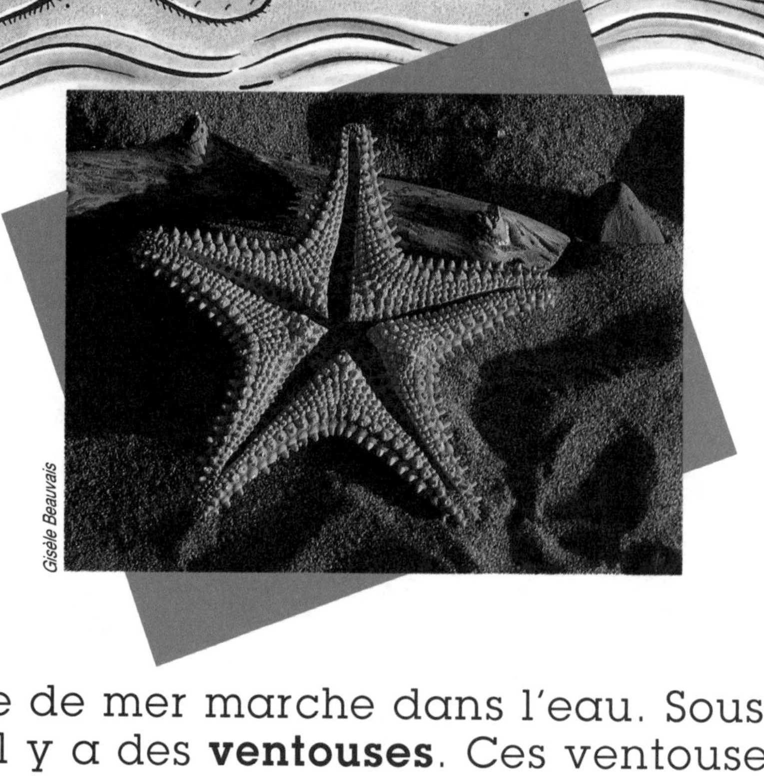

Gisèle Beauvais

L'étoile de mer marche dans l'eau. Sous ses bras, il y a des **ventouses**. Ces ventouses collent aux rochers. En bougeant les bras, l'étoile de mer peut se déplacer.

La pieuvre

La pieuvre habite dans des cavernes au fond de la mer.

Québec, M.L.C.P., Fred Klus

La pieuvre a huit bras. Ce sont des **tentacules**. Sur chaque tentacule, il y a des ventouses. La pieuvre se sert de ses ventouses pour s'accrocher aux rochers. Elle se sert de ses tentacules pour marcher sur les rochers et pour avancer dans l'eau.

La pieuvre se sert aussi de ses bras pour attraper sa nourriture.

La pieuvre chasse seule, la nuit. Elle mange du crabe et d'autres petits crustacés.

Pour se défendre, la pieuvre lance un liquide noir. Ses ennemis ne peuvent plus la voir. Elle se sauve très vite.

La pieuvre peut aussi changer de couleur pour se cacher de ses ennemis. Elle prend la couleur des rochers qui l'entourent. Elle se camoufle.

Les plaisirs de l'eau

Julio et Alex sont à la bibliothèque. Ils regardent des livres sur les animaux de la mer.

Alex : Es-tu déjà allé au bord de la mer, Julio ?

Julio : Oui, l'année dernière, j'ai été à l'Île-du-Prince-Édouard avec ma mère et mon frère.

Alex : As-tu aimé ça ?

Julio : Oh ! oui ! Ce que j'ai aimé le plus, c'est nager dans les grosses vagues. J'ai aussi aimé marcher sur la plage. J'ai ramassé toutes sortes de coquillages. Je vais te montrer ma collection quand tu viendras chez moi.

Alex : Quand je vais au lac, je fais des châteaux de sable. Je vais aussi à la pêche. J'attrape toujours de gros poissons.

Julio : L'été dernier, j'ai fait du canot avec maman. C'était difficile, mais je me suis bien amusé.

Alex : Je n'ai jamais fait de canot. Cet été, je vais en faire avec les louveteaux.

Julio : Je suis sûr que tu vas aimer ça.

Sur mon cheval de mer

Sur mon cheval de mer,
Je fais de grands voyages.
Je parcours l'univers
Des poissons et des coquillages.

Je me promène entre les rochers
Et j'aperçois mes amis, les crustacés,
Qui ont commencé à danser.
Ils ont l'air de bien s'amuser.

Aussitôt, je pars les retrouver,
suivi des dauphins et des requins.
Nous voilà tous rassemblés
Pour la ronde des animaux marins.

Trouve les erreurs

citerne

Un message de Béluga

Bonjour,

Je m'appelle Béluga. Je suis un petit dauphin blanc. Je vis dans le fleuve Saint-Laurent.

Depuis quelques années, je vis dans de l'eau de plus en plus sale. Cette eau me rend malade. J'ai de la difficulté à bien respirer. J'ai aussi de la difficulté à trouver de la bonne nourriture.

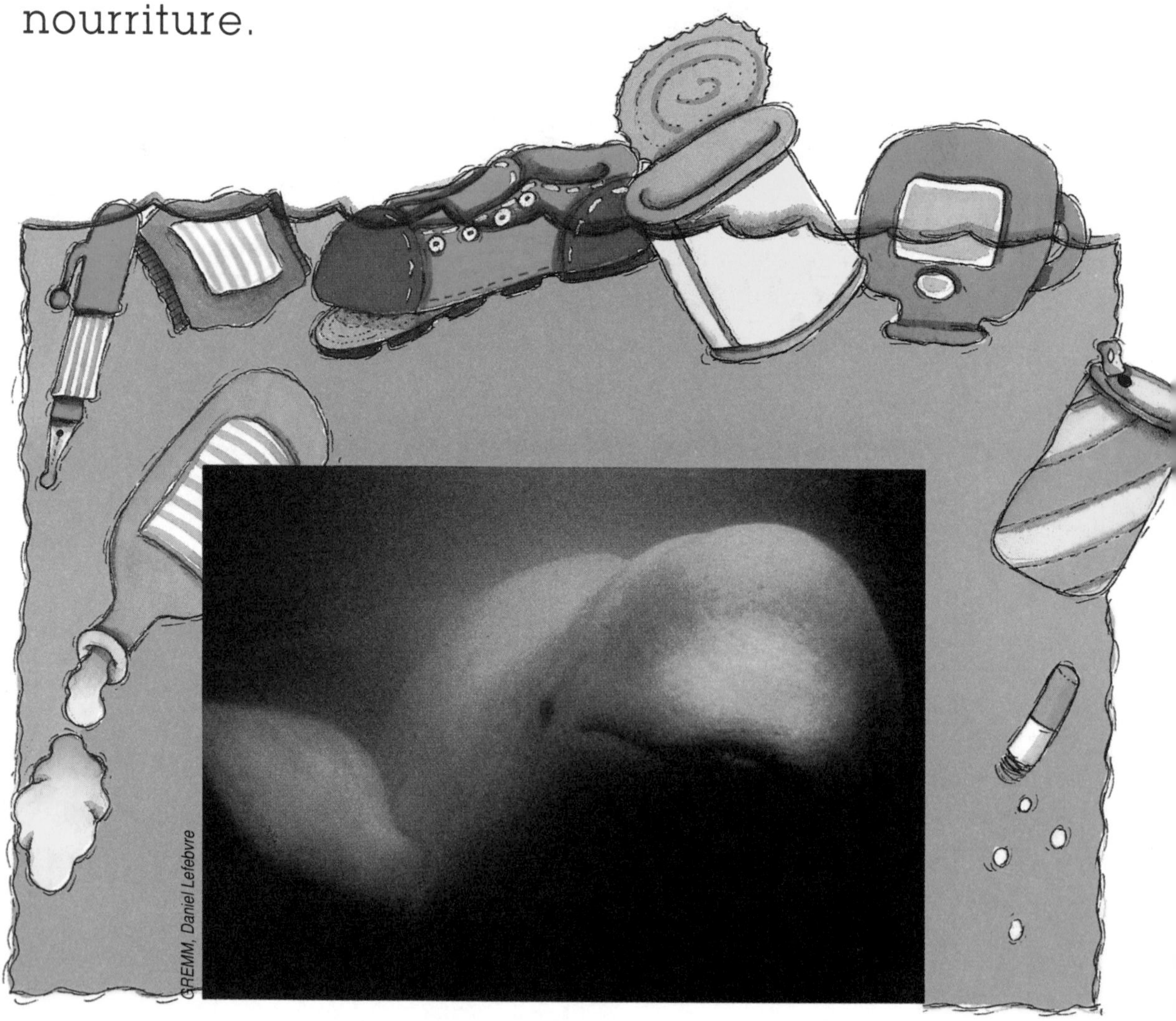

GREMM, Daniel Lefebvre

Plusieurs de mes amis sont malades, très malades. J'ai peur.

J'aimerais qu'on trouve une solution à ce problème. Que peut-on faire pour arrêter la pollution de l'eau ?

Béluga, le dauphin blanc

Le ménage du printemps

Bonjour les amis !
Vous voyez notre parc ?
Chaque printemps,
c'est la même chose !

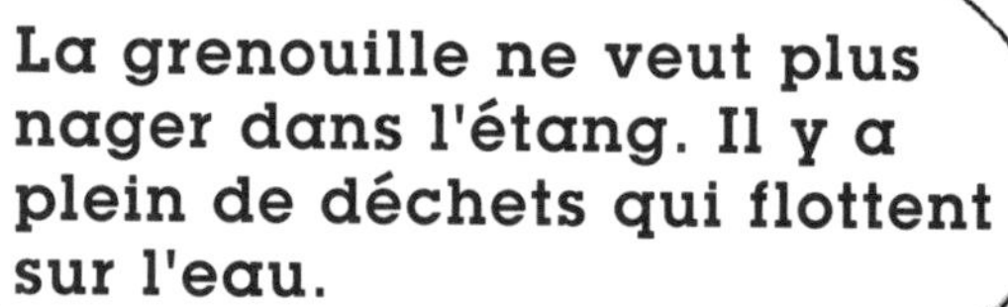

Il y a des papiers et des
sacs de plastique partout.
Hier, mon ami le lièvre s'est
coupé la patte sur un
morceau de verre en jouant.

La famille hirondelle a retrouvé son arbre. Mais plusieurs branches sont brisées.

Qu'est-ce que nous allons faire ?

DEUX JOURS PLUS TARD

Tout le parc est propre. Léo et ses amis sont contents. Qu'est-ce qui s'est passé ?

Les insectes

M. Paul : Bonjour les amis ! Vous savez qu'avec le printemps, le beau temps revient. Le soleil brille. Les bourgeons des feuilles éclatent. Il y a aussi les insectes qui se réveillent. Aujourd'hui, en sciences, nous allons observer un insecte au microscope. Ensuite, nous allons essayer de le dessiner.

Mélanie : Hein ! On va regarder dans un microscope ! Viens, Zobulle.

Zobulle : Regarde, Mélanie, les deux gros yeux sur la tête.

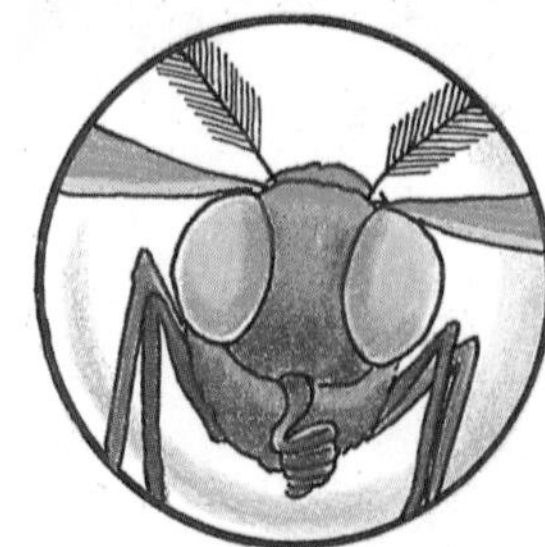

Mélanie : Je veux voir, je veux voir ! As-tu vu les deux antennes pleines de poils ?

Zobulle : C'est mon tour ! Oh ! là ! là ! Je vois quatre ailes. Deux grandes et deux petites !

Mélanie : Laisse-moi regarder.
Ce n'est pas comme une araignée !
Il y a juste six pattes.
Les pattes sont placées au milieu du corps.

Zobulle : Et le corps est en trois parties !

M. Paul : Oui, Zobulle. Il y a trois parties : la tête, le thorax et l'abdomen.

Mélanie : On va en avoir des choses à dessiner !

Les papillons

Les papillons existent depuis très longtemps. Les savants ont même trouvé des fossiles de papillons. Ces papillons vivaient au temps des dinosaures.

Le papillon est un insecte. Son corps est divisé en trois parties : la tête, le thorax et l'abdomen.

Les six pattes du papillon sont rattachées au thorax.

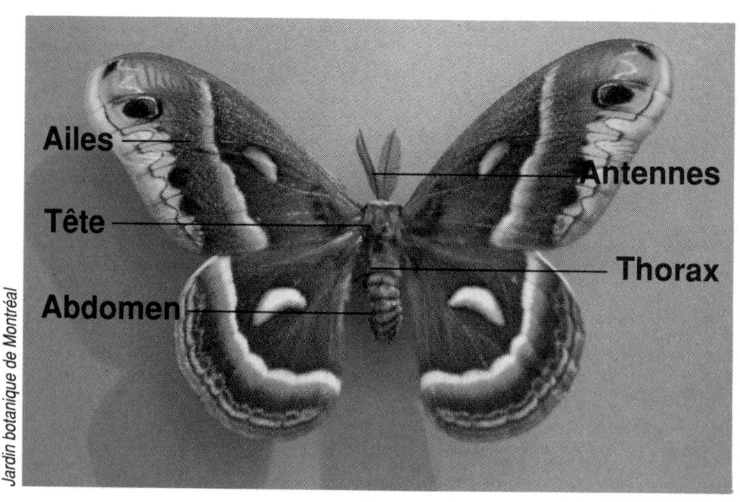

Le papillon a quatre ailes. Ses ailes sont couvertes de petites écailles.

Le papillon a une trompe.
Il l'utilise comme une paille.
Avec sa trompe, il aspire le nectar des fleurs et l'eau.
Quand il a fini de manger ou de boire, il roule sa trompe.

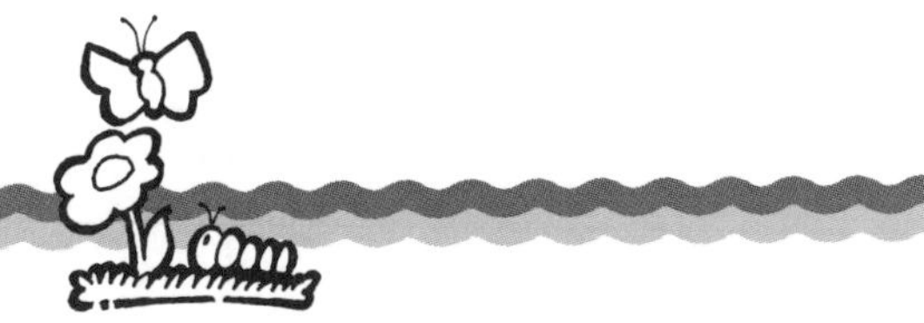

Papillons de jour, de nuit

Les papillons de jour sont différents des papillons de nuit. Voici quelques différences.

Le papillon de jour

Il vole le jour.

Il a des ailes très colorées : orange, jaunes, bleues.

Quand il est au repos, il relève ses ailes.

Ses antennes se terminent par une petite boule.

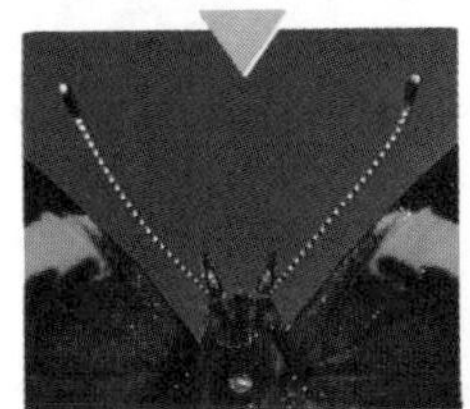

Le papillon de nuit

Il vole surtout la nuit.

Il a des ailes peu colorées : brunes, blanches, beiges.

Quand il est au repos, il garde les ailes ouvertes.

Ses antennes ressemblent à de petites plumes.

Qui suis-je ?

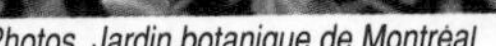

Photos, Jardin botanique de Montréal

Une collection

Les insectes vivent partout autour de nous. Ils vivent dans l'eau, sous les feuilles, sur les plantes et dans les arbres.

Il est facile d'attraper des insectes pour les observer. Pour les capturer, tu as besoin d'un bocal et d'un couvercle.

Pour commencer ta collection, cherche au pied d'un arbre, sous les feuilles mortes. Tu y trouveras sûrement plusieurs insectes.

Prends un insecte.
Dépose-le dans le bocal.
Ferme bien le bocal
avec le couvercle.
Observe ton insecte.

Est-ce un gros insecte ?
De quelles couleurs est-il ?

Peux-tu voir ses yeux ? ses antennes ?
Combien a-t-il de pattes ?
A-t-il des ailes ? Combien ?

Dessine ton insecte.

Photos, Jardin botanique de Montréal

Quand tu auras fini tes observations, remets l'insecte où tu l'as pris. Les insectes aiment revenir chez eux.

Voilà. Ta collection est commencée !

Une fourmilière

Il est intéressant d'observer les fourmis. Avec tes amis, tu peux te faire une fourmilière pour voir comment les fourmis vivent.

Matériel :

- un aquarium
- du carton noir
- deux tampons d'ouate
- du coton à fromage
- un élastique
- du terreau
- de l'eau
- du miel

1. Prends un petit aquarium.
2. Remplis l'aquarium de terreau humide.
3. Mets du carton noir sur trois côtés de l'aquarium.
4. Mets sur le terreau un tampon d'ouate imbibé d'eau et un tampon d'ouate imbibé de miel.

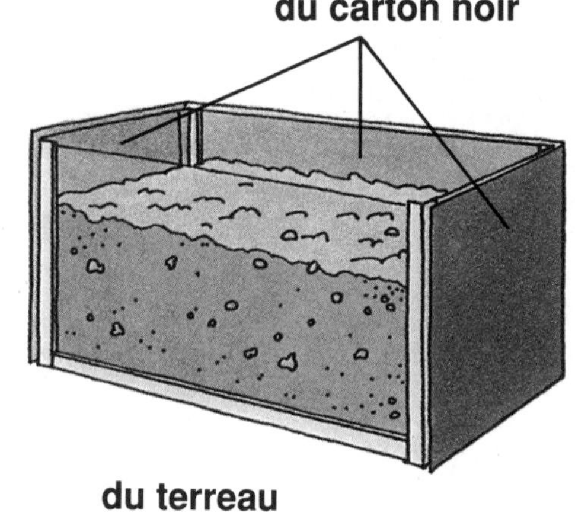

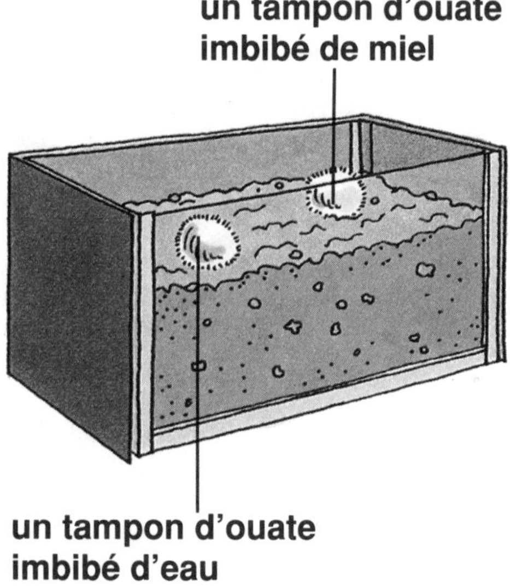

5. Capture une reine, quelques cocons et quelques fourmis.

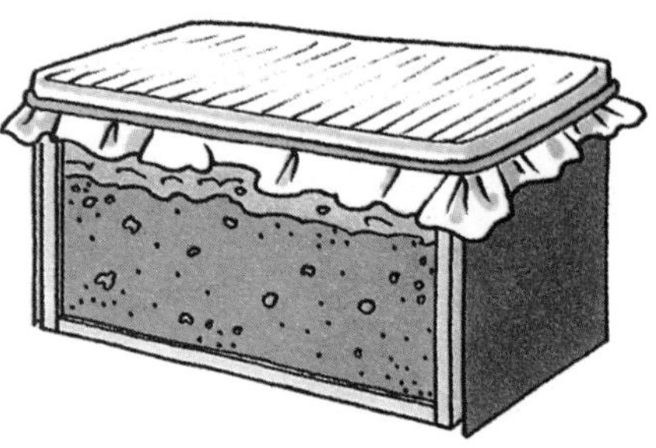

6. Mets tes fourmis dans leur fourmilière.
7. Mets un morceau de coton à fromage sur la fourmilière pour empêcher les fourmis de sortir.
8. Fixe le coton à fromage avec un élastique.
9. De temps à autre, enlève un des cartons pour observer les fourmis.

10. Note tes observations.

N'oublie pas de nourrir les fourmis. Elles aiment le sucre, les miettes de pain ou des insectes morts. Elles aiment aussi être libres. N'oublie pas de les remettre où tu les as prises quand tu auras fini de les observer.

La cigale et la fourmi

La cigale a chanté tout l'été.
Maintenant, l'automne est arrivé
Et elle n'a plus rien à manger.

Elle va voir la fourmi, sa voisine,
Pour lui emprunter
Quelques grains à manger
Jusqu'à la saison nouvelle.
Dès le printemps, lui dit-elle,
Je vous remettrai
Tout le blé
Que je vous prends.

Mais la fourmi est travailleuse
Et elle n'aime pas les paresseuses.
« Que faisiez-vous tout l'été,
Ma chère camarade ?
Étiez-vous en congé ?
Étiez-vous malade ? »

— Non. Jour et nuit, dans les champs,
Je chantais à tout moment.

— Vous chantiez, tout simplement ?
Eh bien, dansez maintenant !

Savais-tu que...

Une reine abeille peut pondre jusqu'à 1500 œufs par jour.

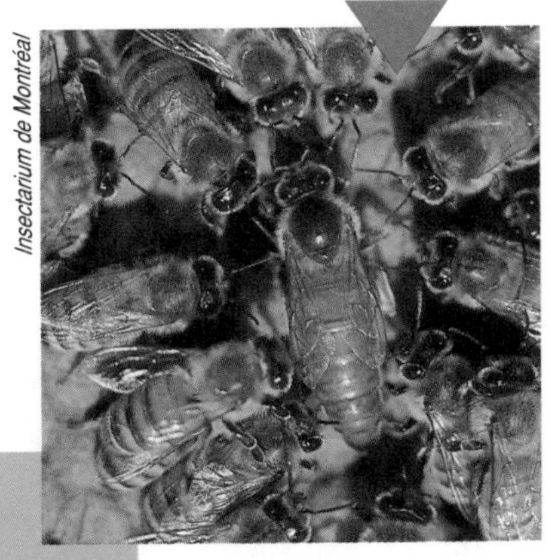

Insectarium de Montréal

La plus grosse libellule a vécu il y a des millions d'années. Elle mesurait 36 centimètres de long.

Jardin botanique de Montréal

La libellule peut voler à une vitesse de 80 kilomètres à l'heure.

À la fin de l'été, le papillon monarque s'envole vers le sud pour passer l'hiver au chaud. Il peut parcourir jusqu'à 3000 kilomètres.

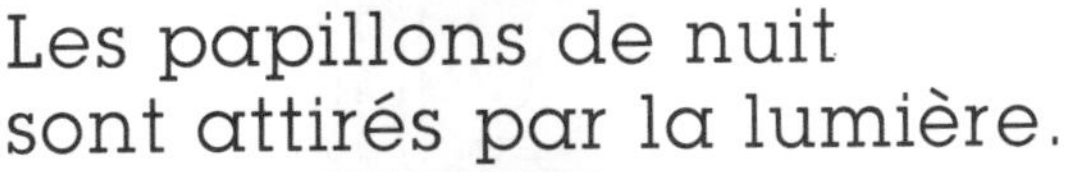

Les papillons de nuit sont attirés par la lumière.

Gisèle Beauvais

Jardin botanique de Montréal

L'araignée n'est pas un insecte. Elle a huit pattes et elle n'a pas d'antennes.

Les gens du cirque

Le cirque vient d'arriver en ville. Zobulle et Natacha sont très excités. Zobulle n'a jamais vu de cirque.

Zobulle voit beaucoup d'animaux qu'il ne connaissait pas. Il voit des chevaux, des zèbres, des lions, des éléphants et des singes.

Les gens du cirque montent le chapiteau.

Ensuite, ils préparent leur numéro.

Les écuyers font des acrobaties sur un cheval. Ils se tiennent debout sur le cheval qui galope. Ils sont très agiles.

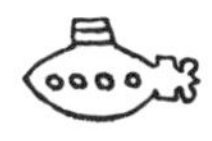

Les dompteurs dressent les animaux. Ils leur apprennent à marcher sur des ballons et à sauter dans des cerceaux. Les dompteurs sont très patients avec les animaux.

Les jongleurs lancent en l'air des balles et des quilles. Ils sont très habiles.

Il ne faut pas oublier les clowns. Tous les clowns sont maquillés. Ils ont une grande bouche, un gros nez rouge et une perruque. Ils font rire les spectateurs. Ils sont très comiques.

Les gens du cirque savent amuser les petits et les grands.

Les trapézistes

Zobulle est très impressionné par les trapézistes. Il leur pose quelques questions.

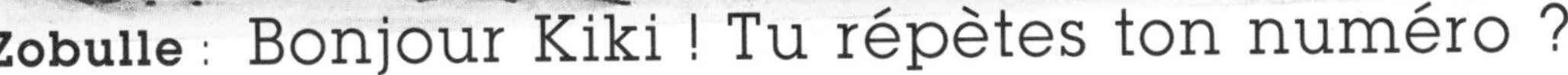

Zobulle : Bonjour Kiki ! Tu répètes ton numéro ?

Kiki : Oui, je m'exerce des heures et des heures, tous les jours.

Zobulle : Depuis combien de temps fais-tu ce métier ?

Kiki : J'ai commencé à l'âge de cinq ans. Au début, j'avais peur des hauteurs. J'ai commencé à me balancer à quelques mètres du sol. Et chaque jour, mon entraîneur montait le trapèze un peu plus haut.

Zobulle : Est-ce que tu as encore peur ?

Kiki : Un peu, surtout quand je suis fatiguée. Parfois, j'ai mal aux bras et au dos. Il faut être en bonne forme physique pour faire ce métier.

Zobulle : Est-ce que tu travailles seule ?

Kiki : Non, j'ai un partenaire. Je travaille avec Janot. Je peux lui faire confiance. Il est très fort. Il me rattrape toujours quand je vole dans les airs.

Zobulle : Est-ce que tu aimes travailler dans un cirque ?

Kiki : Oui, car j'ai beaucoup d'amis. C'est important, les amis. Au revoir, Zobulle. Je dois continuer à m'entraîner.

Zobulle : Au revoir.

Le journal de Boum Boum

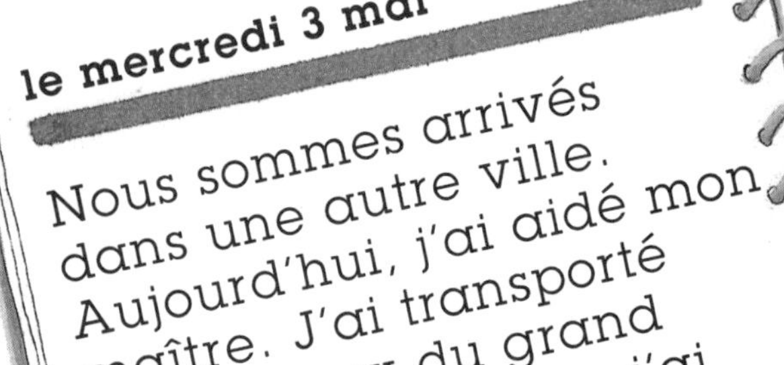

le mercredi 3 mai

Nous sommes arrivés dans une autre ville. Aujourd'hui, j'ai aidé mon maître. J'ai transporté les poteaux du grand chapiteau. Ensuite, j'ai répété mon numéro. Je suis fatigué.

le jeudi 4 mai

Ce matin, je dois répéter le même numéro, encore et encore. Ça fait deux ans que je fais le même spectacle. Ça m'ennuie.

le vendredi 5 mai

Hier soir, plusieurs enfants sont venus me voir. Ils m'ont dit qu'ils aimaient mon numéro. Aujourd'hui, je suis moins triste.

le dimanche 7 mai

Hier, j'ai été très occupé. J'ai donné deux spectacles. J'étais fatigué. Aujourd'hui, ce sera la même chose. Heureusement qu'il y aura beaucoup d'enfants. Ça va me donner du courage.

le lundi 8 mai

Aujourd'hui, nous partons pour une autre ville. Je quitte mes amis. Je suis seul dans ma cage. J'ai hâte de voir d'autres enfants et de me faire de nouveaux amis.

Un chapeau de spectacle

Lis attentivement toutes les consignes pour faire un chapeau de spectacle.

Matériel :

- trois feuilles de carton
- des ciseaux
- de la colle
- un crayon
- une assiette d'environ 24 cm
- une assiette d'environ 15 cm

Consignes :

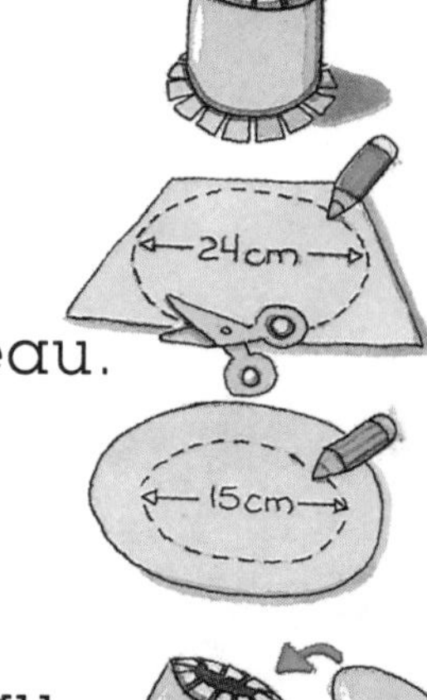

1. Découpe un rectangle de 50 cm sur 25 cm dans du carton.
2. Colle le carton pour faire un cylindre.
3. Avec des ciseaux, fais de petites fentes à chaque bout du cylindre.
4. Plie les languettes du haut vers l'intérieur et les languettes du bas vers l'extérieur.
5. Avec la grande assiette, trace deux cercles dans du carton. Découpe tes cercles. Ce sera le rebord du chapeau.
6. Avec la petite assiette, trace un cercle au centre des grands cercles. Découpe tes petits cercles. Ce sera le dessus du chapeau.
7. Colle le petit cercle au haut du chapeau.
8. Colle le grand cercle au bas du chapeau.
9. Retourne le chapeau et colle le petit cercle au fond du chapeau.
10. Colle les deux rebords du chapeau ensemble.

Voilà ton chapeau de spectacle !

La bicyclette

Voici les principales parties d'une bicyclette.

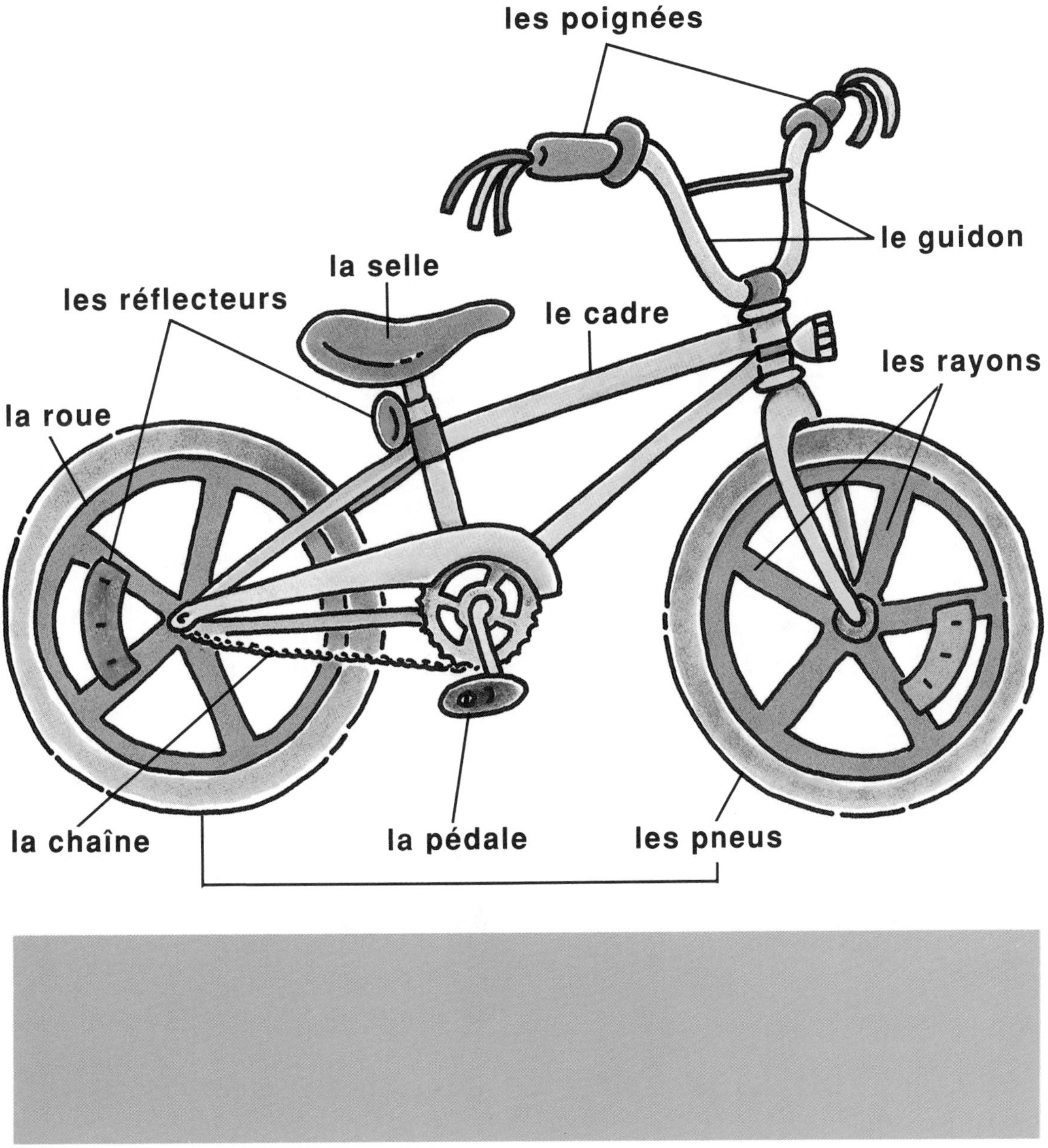

les poignées
le guidon
la selle
les réflecteurs
le cadre
les rayons
la roue
la chaîne
la pédale
les pneus

La signalisation à bicyclette

Alex et Zobulle se promènent à bicyclette. Zobulle voit Alex faire de drôles de gestes avec son bras.

Quand je veux tourner à gauche, je tends le bras gauche.
Quand je veux tourner à droite, je plie le bras gauche vers le haut.

Quand je veux arrêter, je tends le bras gauche vers le bas.

Tu vois, je garde toujours la main droite sur mon guidon.

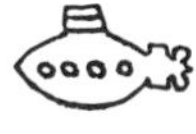

La signalisation routière

En toute sécurité

L'hexagone rouge veut dire « arrêter ». Je dois arrêter de rouler à bicyclette et regarder s'il y a des autos avant de continuer ma route.

Le triangle jaune veut dire « céder ». Je dois laisser passer les autres personnes.

Le petit bonhomme me dit que je peux traverser la rue en toute sécurité.

La main orange veut dire « attendre ». Je n'ai pas le temps de traverser la rue en toute sécurité.

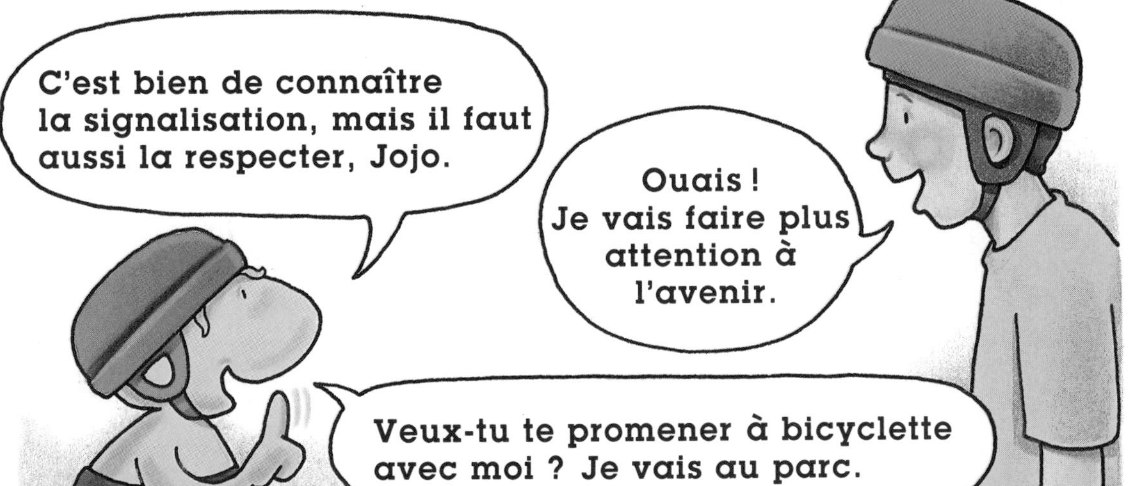

Jojo et Zobulle s'en vont au parc à bicyclette en respectant toutes les règles de sécurité.

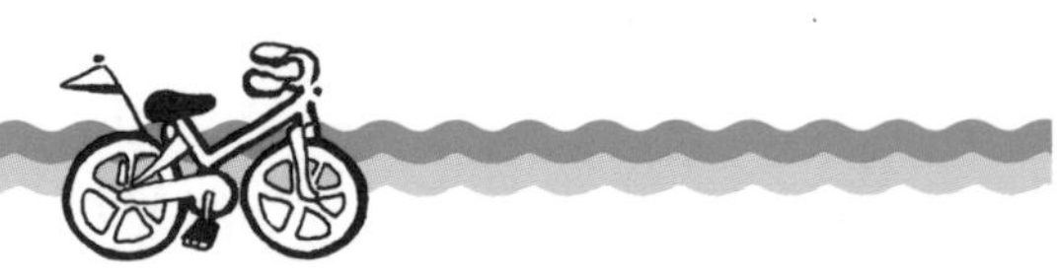

Voici les règles d'un jeu sur la sécurité à bicyclette.

Nombre de joueurs : de 2 à 4.

Matériel : un dé, un jeton par joueur, des cartes de jeu, le jeu « En toute sécurité ».

1. Colle ensemble les deux pages qu'on te remettra pour faire le jeu.
2. Découpe les cartes de jeu et place-les en deux piles : , .
3. Chaque joueur lance le dé. Celui qui a le nombre le plus élevé commence le jeu. Ensuite, les autres jouent à tour de rôle, en commençant par le joueur de gauche.
4. Le joueur lance le dé. Il avance son jeton selon le nombre de cases indiqué par le dé. Par exemple : fait avancer le joueur de trois cases.
5. Si le jeton s'arrête sur une case ou , le joueur prend une carte de la pile. Il la lit et il fait ce qui est écrit sur la carte.

6. Le joueur ne prend qu'une carte à chaque tour.
7. Le joueur qui arrive le premier au parc en toute sécurité est le gagnant.

Amuse-toi bien !